Von Schutzengeln
den Kindern erzählt

von Franz Menke

mit Bildern von Yvonne Hoppe-Engbring

Butzon & Bercker

Engel sind unter uns

Manchmal sagen wir zu jemand:
„Du bist ein Engel!"
Damit meinen wir:
Was du gesagt oder gemacht hast,
war ganz lieb und gut.
Manchmal sagen wir auch:
Da singt einer wie ein Engel,
oder jemand sieht aus wie ein Engel – wunderschön!

Man kann zart sein wie ein Engel
oder geduldig sein wie ein Engel.
Wenn wir jemanden ruhig, freundlich und ausdauernd
von etwas überzeugen wollen, dann heißt es:
„Wir sprechen mit Engelszungen."

Sicher hast du schon einmal erlebt,
dass beim gemeinsamen Essen plötzlich
– ohne Grund – das Gespräch verstummt.
Für einen Augenblick ist es ganz still.
Deine Großmutter sagte früher dann:
„Jetzt geht ein Engel durchs Zimmer."

Und wenn beim Spazierengehen die Sonne scheint,
freut man sich:
„Wenn Engel reisen, lacht der Himmel!"

Ich möchte dir ein wenig von den Engeln erzählen.

Franz Menke

Haben Engel Flügel?

Sind Engel Erwachsene oder Kinder?
Sind Engel Männer oder Frauen,
Mädchen oder Jungen?
Oder gibt es solche und solche?

Haben Engel Flügel?
Sind die Flügel groß oder klein,
sind sie aus Gold oder aus Federn?

Tragen Engel lange weiße Kleider?
Oder sehen Engel aus
wie ganz normale Menschen,
wie du oder ich?

Hier bei uns in Europa werden Engel
mit heller Hautfarbe gemalt,
aber in Afrika mit brauner
und in China gelblich.
Jeder hat seine eigene Vorstellung davon,
wie Engel aussehen.
Deswegen malt sie auch jeder anders.
Bestimmt hast du auch schon einen Engel gemalt.

Kennst du jemanden,
der schon mal einen Engel
mit eigenen Augen gesehen hat?
Kann man Engel überhaupt sehen?

Spielen Engel Schlagzeug?

Was machen Engel eigentlich?
Was ist ihre Aufgabe?

Spielen sie im Himmel Schlagzeug,
Harfe, Posaune und Trompete?

Helfen sie dem Christkind,
Geschenke einzupacken?

Oder passen sie auf kleine Kinder auf, die,
ohne nach links und rechts zu gucken,
über die Straße laufen?

Niemand kann sagen,
was davon stimmt und
was vielleicht nur Phantasie ist.
Es bleiben viele Fragen offen!

Doch im Buch unseres Glaubens, der Bibel,
lesen wir oft von den Engeln:
In der Heiligen Schrift gibt es Geschichten,
die von Engeln erzählen.

Da sind Engel die Helfer Gottes,
seine Mitarbeiter und Boten.

Ein Engel ging voran

Eine der spannendsten Geschichten
im Alten Testament ist die
von der Flucht der Israeliten aus Ägypten:

Die Israeliten waren vor rund dreieinhalb Tausend Jahren
wegen einer Hungersnot aus ihrem Land weggegangen
an den Nil, wo genügend Korn für alle Menschen wuchs.
Doch die Ägypter unterdrückten die Flüchtlinge
mit der Zeit immer mehr und
behandelten schließlich die Israeliten als Sklaven.

Damals beauftragte Gott einen Mann mit dem Namen Mose,
das Volk Israel wieder nach Hause zu führen.
Mitten in der Nacht brach das Volk auf,
und der Engel Gottes ging dem Zug der Menschen voran.

Plötzlich merkten die Israeliten,
dass die Ägypter mit Pferden und Streitwagen
die Verfolgung aufgenommen hatten,
und ihre Angst war groß.
Sofort erhob sich der Engel Gottes
und ging an das Ende des Zuges,
um sich als Schutz hinter die Israeliten zu stellen.

Gerade noch rechtzeitig schaffte es Mose,
die Menschen mit Gottes Hilfe
durch das Rote Meer zu führen,
und die Flucht gelang.

Der Engel sagte: „Fürchtet euch nicht!"

Auch das Neue Testament berichtet
von den Mitarbeitern Gottes.
Eine Geschichte kennst du bestimmt gut,
und zwar die Weihnachtsgeschichte,
die von der Geburt Jesu vor etwa 2000 Jahren erzählt.

Eigentlich beginnt diese Geschichte
schon neun Monate vorher,
denn in der Bibel wird berichtet,
wie ein Engel Gottes zu Maria kam. Er sagte:
„Du sollst ein Kind empfangen – den Sohn Gottes!"

Maria konnte das nicht verstehen,
denn sie war noch nicht verheiratet.
Doch sie antwortete voller Vertrauen:
„Alles soll so geschehen, wie Gott es will!"

Als dann Jesus geboren wurde,
kam ein leuchtender Engel zu den Hirten,
die zu dieser Zeit auf dem Feld ihre Schafherden bewachten.
Die Hirten hatten Angst,
aber der Engel beruhigte sie:
„Fürchtet euch nicht!
Heute ist euer Retter geboren, der Sohn Gottes."

Dann kamen noch mehr Engel.
Sie alle freuten sich über die Geburt Jesu und jubelten.
Die Hirten machten sich auf den Weg nach Betlehem
und fanden Maria und Josef mit dem Kind, das in der Krippe lag.

Der Engel an der Straßenecke

Mal ermahnen die Engel in der Bibel, mal trösten sie.
Mal schützen, mal bestrafen, mal befreien sie.
Aber – gibt es heute auch noch Engel?

Ich meine nicht Engel als Christbaumschmuck,
nicht den „blauen Engel" als Zeichen dafür,
dass eine Sache umweltfreundlich ist,
und auch nicht die „gelben Engel",
die Straßenhelfer bei Autopannen.

Vielleicht hast du das schon mal so erlebt:
Zwei Mädchen spielen im Vorgarten Ball.
Auf einmal rollt der Ball auf die Straße.
Ohne aufzupassen,
rennt das eine Mädchen dem Ball hinterher.
Gott sei Dank – in diesem Augenblick
fährt kein einziges Auto die Straße entlang.
Und dem Mädchen passiert nichts.

Ein Junge hat es besonders eilig,
den Supermarkt zu verlassen.
Trotzdem hebt er noch schnell eine Bananenschale auf,
damit keiner darauf ausrutscht.
In diesem Moment fällt draußen ein Dachziegel herunter.
Sie hätte den Jungen verletzt, wäre er nur eine Sekunde
eher wieder draußen auf der Straße gewesen.

Sind das Zufälle?
Manchmal sagen wir:
Du hast einen guten Schutzengel!

Wenn Schutzengel schlafen

Nicht immer bewahren uns Schutzengel vor Schaden:
Lisa stürzt die Treppe herunter
und bricht sich ein Bein.
Tarik lebt in einer Stadt, in der Krieg herrscht.
Boganga muss in seiner Heimat in Afrika Hunger leiden.
Nuris' Dorf am Meer wurde von einer Flutwelle zerstört.
Philipp muss auf vieles verzichten,
weil sein Vater arbeitslos ist.
Christinas Eltern lassen sich scheiden,
sie ist sehr traurig deswegen.

Es gibt so viele kleine Unglücke und große Katastrophen.
Warum helfen da die Schutzengel nicht?
Niemand kann uns das sagen.

Wenn Schutzengel auch schlafen sollten:
Wir sind wach,
wir können doch auch helfen,
und zwar so gut es eben geht.

Wenn uns Flügel wachsen

Wie Engel aussehen?
Wir wissen es nicht!
Ob heute noch Engel das tun,
was die Bibel von ihnen erzählt?
Wer weiß es!

Aber wir wissen,
was die Engel für Aufgaben haben.
Und diese Aufgaben sind auch unsere!

Wenn eine mutlos ist, sie stärken.
Wenn einer traurig ist, ihn trösten.
Wenn eine einsam ist, sie besuchen.
Wenn einer bedroht wird, ihn schützen.
Wenn wir fröhlich sind, miteinander feiern.

Wenn uns auch keine Flügel wachsen,
können wir doch einander Engel sein!

Engel zum Anfassen

Es gibt immer wieder Menschen,
die sich ganz besonders
für die Sache Gottes einsetzen,
indem sie anderen Menschen helfen.
Sie sind wie Engel, die man sehen kann.

Elisabeth von Thüringen, eine Königin,
hat sich vor langer Zeit um Arme gekümmert.
Johannes Bosco sorgte sich als Priester
um verlassene Kinder.
Martin Luther King, ein evangelischer Pfarrer,
kämpfte ohne Gewalt dafür,
dass schwarze und weiße Amerikaner
die gleichen Rechte bekommen.
Mutter Teresa war eine Ordensschwester,
die in Indien sterbende Menschen pflegte und begleitete.

Wir nennen diese Menschen Heilige –
und Heilige gibt es überall!
Die meisten sind gar nicht berühmt,
weil sie einfach still und ohne Aufsehen für andere da sind:
der Fluglotse, die Lehrerin, der Bauarbeiter, die Gärtnerin,
die Schwester, der Bruder, die Mutter, der Vater, Freunde.

Lauter ganz normale Heilige – ohne Flügel ...

Der Engel von nebenan

Halte Ohren und Augen auf!
Bestimmt kannst du dann Engel sehen und hören.
Und wenn du sie nicht mit den Augen sehen
und mit den Ohren hören kannst,
dann vielleicht mit deinem Herzen.

Mit dem Herzen kannst du wahrnehmen,
was deine Augen nicht sehen können,
deine Ohren nicht hören können,
deine Nase nicht riecht,
deine Zunge nicht schmeckt,
deine Hände nicht fühlen können ...

Engel sind mitten unter uns!
Anders, als du sie dir möglicherweise vorstellst.
Vielleicht sind sie alt und gebückt
oder klein und frech.
Vielleicht haben sie eine tiefe Stimme
und kurze Stoppelhaare.
Vielleicht sprechen sie nicht unsere Sprache.

Du wirst einem Engel begegnen!
Vielleicht merkst du es nicht.
Aber das ist eigentlich egal,
denn wir vertrauen nicht allein auf Engel, sondern auf den,
der uns die Engel schickt:
auf Gott, unseren guten Vater, unsere liebe Mutter.

Schick uns Engel, Gott

Melodie: Wiebke Trute / Text: Georg Schwikart

1. Schick uns Engel, Gott, Engel für unsre Zeit, die mit uns das Leben teilen, die Freude und auch das Leid.
2. Schick uns Engel, Gott, Engel, die uns verstehn, die uns nicht alleine lassen, begleiten und mit uns gehn.
3. Schick uns Engel, Gott, Engel aus Fleisch und Blut, die uns Frohes von dir künden und zeigen: Du, Gott, bist gut!

(nach der 3. Strophe:)
Schick uns Engel, Gott, Engel für unsre Zeit!

**Bibliografische Information
der Deutschen Nationalbibliothek**

Die Deutsche Nationalbibliothek
verzeichnet diese Publikation in der
Deutschen Nationalbibliografie;
detaillierte bibliografische Daten sind
im Internet über http://dnb.d-nb.de abrufbar.

Das Gesamtprogramm
von Butzon & Bercker
finden Sie im Internet
unter www.bube.de

ISBN: 978-3-7666-0725-6
2. Auflage 2007

© 2006 Verlag Butzon & Bercker, 47623 Kevelaer, Deutschland
Alle Rechte vorbehalten.
Umschlaggestaltung: Yvonne Hoppe-Engbring
Gesamtherstellung: Benatzky Druck & Medien, Hannover